¿Qué es el canal de Panamá?

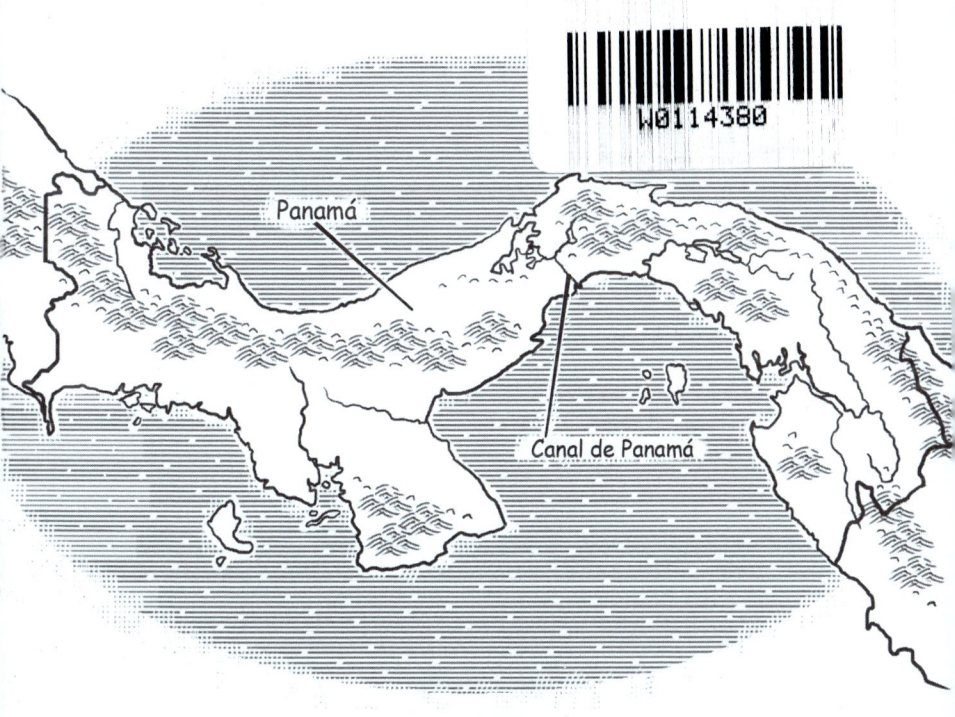

Panamá

Canal de Panamá

Janet B. Pascal

ilustraciones de Tim Foley

traducción de Yanitzia Canetti

Penguin Workshop

Para Gerard Mancini, quien dirige una operación
aún más compleja que el canal de Panamá—JBP

PENGUIN WORKSHOP
Un sello editorial de Penguin Random House LLC
1745 Broadway, New York, New York 10019

Publicado por primera vez en los Estados Unidos de América como *What Is the Panama
Canal?* por Penguin Workshop, un sello editorial de Penguin Random House LLC, 2014
Edición en español publicada por Penguin Workshop, 2025

Traducción al español de Yanitzia Canetti

Visítenos en línea: penguinrandomhouse.com.

Los datos del registro de la Catalogación en la Publicación (CIP) de la Biblioteca del
Congreso están disponibles.

Impreso en los Estados Unidos de América

ISBN 9798217051908   10 9 8 7 6 5 4 3 2 1 CJKW

El representante autorizado en la UE para la seguridad y cumplimiento de este producto es
Penguin Random House Ireland, Morrison Chambers, 32 Nassau Street,
Dublin D02 YH68, Irlanda, https://eu-contact.penguin.ie.

Contenido

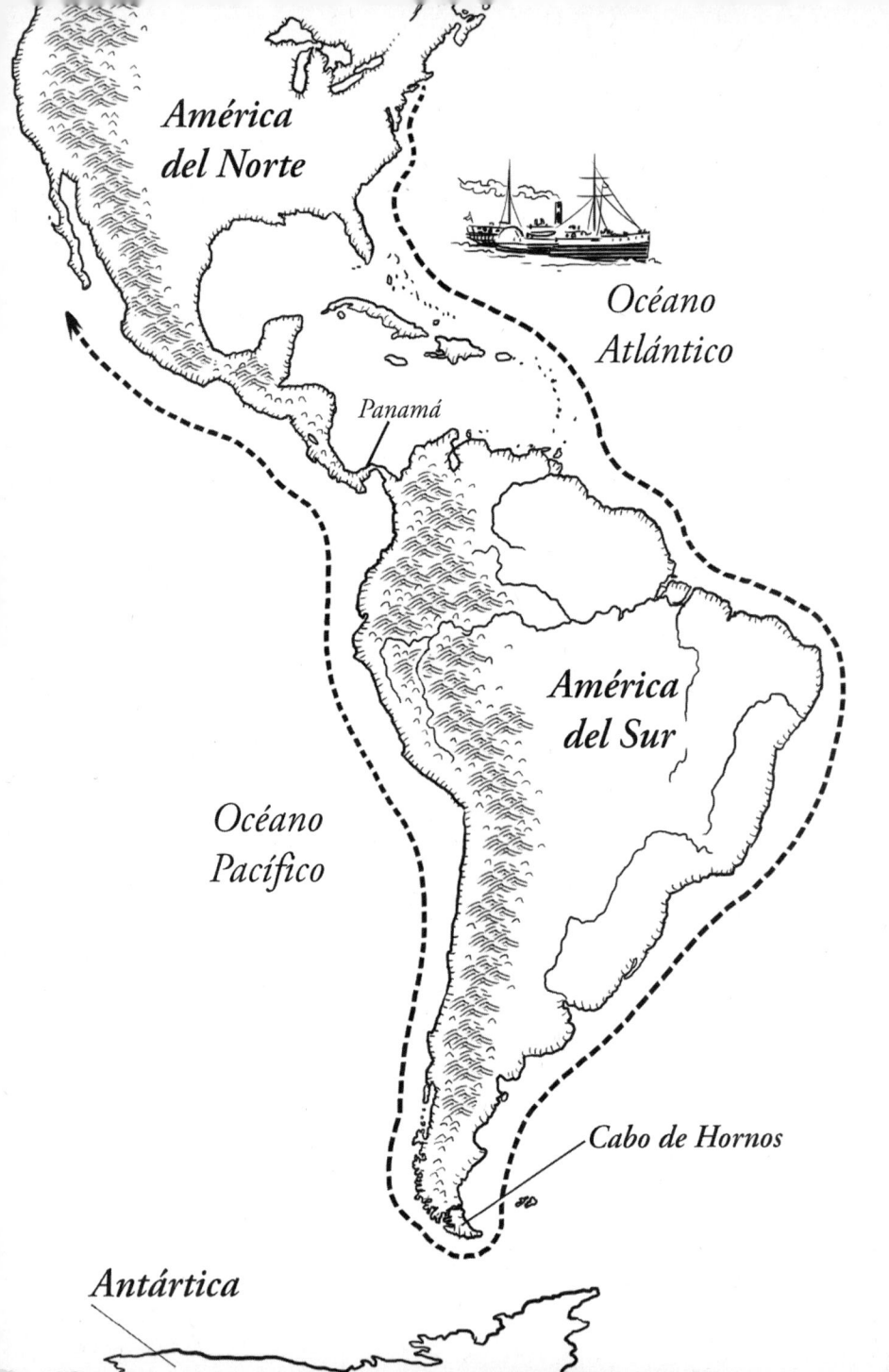

América
del Norte

Océano
Atlántico

Panamá

América
del Sur

Océano
Pacífico

Cabo de Hornos

Antártica

¿Qué es el canal de Panamá?

"Nunca volvería... a navegar... por ese miserable lugar. Es el reino de Satanás", dijo un marinero en el siglo xix. Hablaba del viaje alrededor del cabo de Hornos entre América del Sur y la Antártica. "Rodear el Cuerno", como lo llaman los marineros, es uno de los viajes más aterradores y peligrosos que un barco puede realizar. Durante doscientos días al año, soplan vientos huracanados con ráfagas que oscilan entre cincuenta y ochenta millas por hora. Las olas pueden alcanzar hasta noventa pies de altura o más.

Aun así, durante cientos de años, si alguien quería navegar hacia el oeste desde el Atlántico hasta el océano Pacífico, tenía que rodear el Cuerno. Si sobrevivía al viaje se le reconocía como un marino verdaderamente valiente. Si lograba navegar alrededor del Cuerno tres veces, podía usar un arete de plata, como insignia de honor. Muchos no lo lograron. Nadie lo sabe con certeza, pero puede que haya mil naufragios bajo el agua, y hasta quince mil marineros ahogados.

Todos soñaban con una forma más fácil de navegar desde el Atlántico hasta el Pacífico. Un lugar en los mapas parecía muy prometedor: el istmo de Panamá. Un istmo es una estrecha franja de tierra que conecta dos extensiones grandes de terreno. El istmo de Panamá une América Central con América del Sur. Por un lado, está el mar Caribe, que se une al Atlántico. Por el otro, el golfo de Panamá, que está en el Pacífico. En su parte más estrecha, el istmo tiene solo treinta millas de ancho. ¡El Atlántico y el Pacífico parecían estar tan cerca allí! Seguramente habría alguna manera de unirlos. Entonces los barcos podrían navegar a través de Panamá. El viaje se acortaría miles de

Océano Atlántico

Mar Caribe

América Central

kilómetros, y nadie tendría que arriesgar su vida navegando alrededor del cabo de Hornos.

La realidad era mucho más complicada que el sueño. Panamá era angosta, pero accidentada y peligrosa, con selvas, pantanos, ríos y altas montañas en la ruta. Tomó años de trabajo y fracasos hasta que finalmente se pudo abrir un paso. Se ganaron y se perdieron fortunas. Miles de personas murieron. Incluso hubo que librar una revolución.

Golfo de Panamá

América
del Sur

Océano Pacífico

Finalmente Estados Unidos de América hizo realidad el sueño. El 15 de agosto de 1914, el primer barco navegó por el canal de Panamá de un océano al otro. Viajar por el mundo nunca volvería a ser lo mismo.

CAPÍTULO 1
Del Atlántico al Pacífico

El primer europeo en ver el océano Pacífico desde las Américas fue el explorador español Vasco Núñez de Balboa. En 1513, fue gobernador de una

provincia española en Panamá. Los indígenas le hablaron de un lugar donde, si caminaba solo una corta distancia, podía ver el océano al otro lado. Así que tomó un pequeño grupo de hombres y partió a través de la selva y las montañas. Hizo que todos sus hombres se quedaran detrás de él, para ser el primero en ver el océano. El 25 de septiembre, desde la cima de una montaña, divisó el océano Pacífico a lo lejos.

Años más tarde, en 1534, el rey Carlos I de España envió una expedición para averiguar si sería posible crear una vía acuática a través de Panamá. La expedición concluyó que era imposible. En su lugar, los españoles utilizaron dos caminos estrechos que atraviesan el istmo. Los dos cruzaban espesas selvas y pantanos. En algunos lugares, tenían que arrastrarse sobre el barro profundo y pegajoso. Por estos caminos, los españoles transportaban el oro y los tesoros arrebatados a los indígenas. A veces, las mulas que llevaban oro resbalaban y caían en pozos llenos de serpientes mortales. Nadie se atrevía a meterse en esos "pozos de víboras" a rescatarlas, y abandonaban los tesoros que, según las leyendas, siguen allí.

En 1848, se descubrió oro en California. En 1849, los ansiosos buscadores de oro llamados

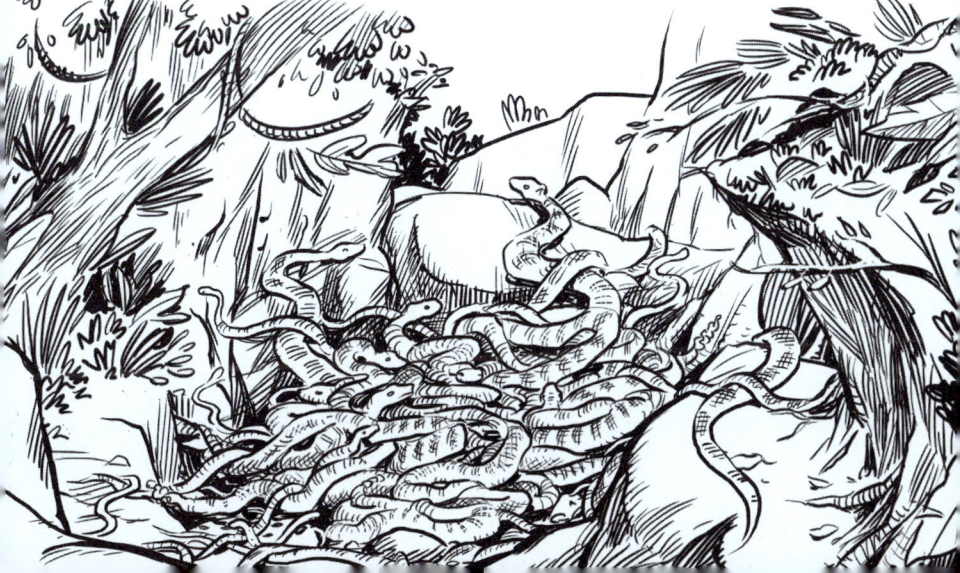

"forty-niners" corrían hacia California con la esperanza de hacerse ricos. Venían de todas partes del mundo. Todos querían reclamar el oro antes de que alguien se les adelantara. Por lo tanto, llegar a la costa oeste de Estados Unidos lo más rápido posible era vital.

Por primera vez, hubo gran interés en una ruta a través de Panamá. Viajar por tierra a través de América del Norte hasta California en un vagón tomaba meses. Los barcos eran más rápidos. Pero el viaje de Nueva York a California por mar era de diecisiete mil millas. Incluso en un barco rápido, el viaje tomaba de tres a cinco meses. El viaje de Nueva York a Panamá era de solo dos mil millas. Ese viaje tomaba dos semanas. Las tres mil quinientas millas del otro lado del istmo hasta San Francisco tardaban unas tres semanas más. Y si cruzabas Panamá usando los viejos caminos españoles, solo eran cuarenta y siete millas a pie, ¿cuánto tiempo podría tardar? El uso de un atajo a través de Panamá podría reducir el viaje a menos de la mitad del tiempo que se tardaba en rodear el cabo de Hornos.

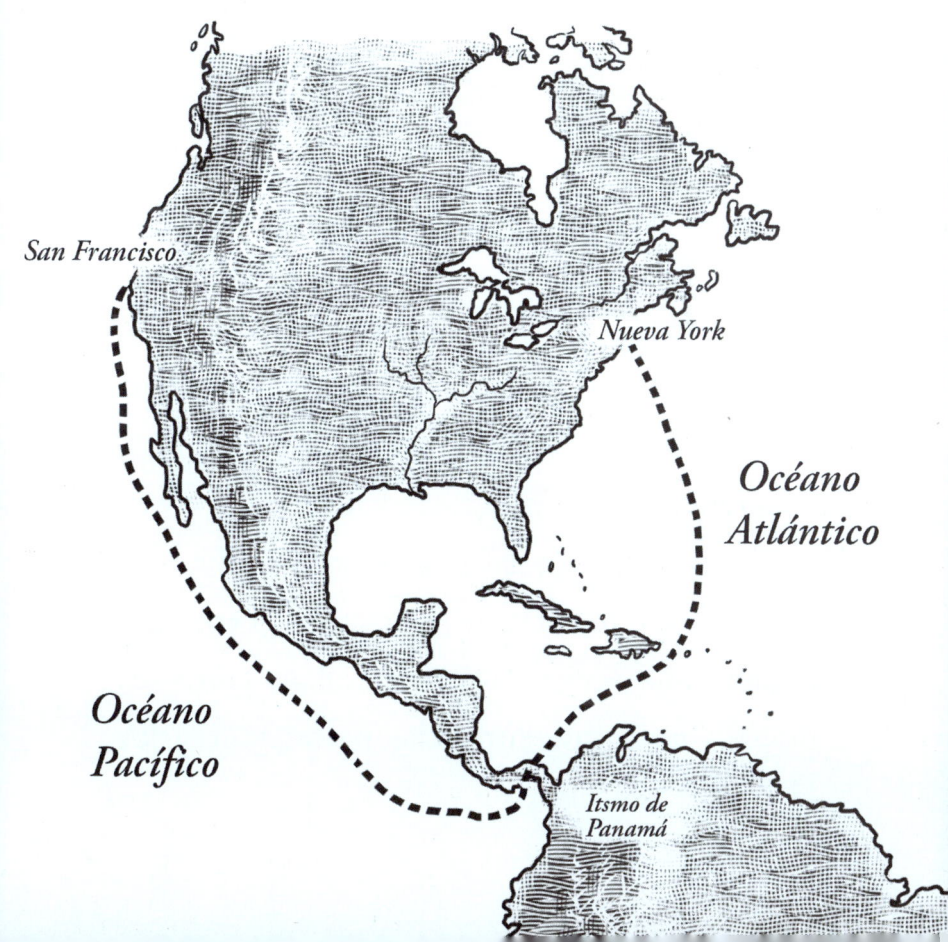

De repente, Panamá se vio invadida por esperanzados mineros de oro que intentaban cruzar a pie. Descubrieron que la caminata era peor que cualquier pesadilla. Vadearon el barro hasta la cintura. La selva era tan espesa que solo veían unos metros delante. Los caminos eran tan estrechos que las mulas se atascaban entre los árboles o las rocas. Por todas partes yacían los cadáveres putrefactos de las mulas que habían muerto. Había serpientes venenosas, escorpiones, arañas y mosquitos. Viajaban a una milla por hora, por lo que el viaje podía durar una semana. La gente tenía que dormir a la intemperie en el suelo, incluso durante las tormentas tropicales, cuando el agua caía en cascadas.

Lo peor de todo eran las fiebres. Todos los que viajaban a Panamá parecían enfermarse. Un hombre podía estar perfectamente sano cuando comenzaba la caminata, y unos días después podría estar muerto. "En el temor de Dios y el amor al prójimo... no tomes este camino por ningún motivo", aconsejó un hombre que sobrevivió. Y, sin embargo, la gente quería llegar a todo ese oro en California. Las hordas seguían llegando.

CAPÍTULO 2
Un ferrocarril construido sobre cadáveres

Incluso antes de la fiebre del oro, el sueño de construir una vía fluvial a través de Panamá nunca se había olvidado. Pero todos los que lo habían intentado se habían dado por vencidos. Parecía imposible. Estados Unidos estaba especialmente interesado. Los estadounidenses sabían que su país pronto se extendería hasta el océano Pacífico. Una vez que lo hiciera, las diferentes partes del país necesitarían una forma de enviar correo, enviar mercancías y comunicarse entre las costas este y oeste.

Viajar por tierra era difícil. Miles de kilómetros de terreno inhóspito separaban las costas. Por lo tanto, una vía para que los barcos cruzaran por Panamá sería muy útil para los estadounidenses. Después de 1821, Panamá ya no estaba bajo control español. Pasó a formar parte del país sudamericano que con el tiempo se conocería como Colombia. Muchas personas en Panamá querían separarse y formar su propio país. En 1846, Estados Unidos firmó un tratado con Colombia. Estados Unidos prometió que, si Panamá intentaba separarse, apoyaría a Colombia contra los rebeldes. A cambio, Colombia le dio a Estados Unidos el derecho de construir un canal o un ferrocarril sobre el istmo.

En 1850 se creó una compañía llamada Panama Railroad Company para construir un ferrocarril a través de Panamá. La construcción de este fue mucho más difícil de lo que se habían imaginado. Las primeras ocho millas del ferrocarril tuvieron

que ser colocadas sobre pantanos. Para crear un
lecho firme, trataron de rellenar los pantanos con
grava. Pero el barro parecía no tener fondo. No
importaba cuánta grava se vertiera, todo se hundía.
Algunos lugares necesitaban hasta doscientos pies
de grava antes de comenzar la construcción. Luego
llegó la temporada de lluvias. Caían fuertes lluvias
casi todos los días. Los lugares que ya se habían
rellenado se convirtieron en barro y tuvieron que
ser rellenados de nuevo.

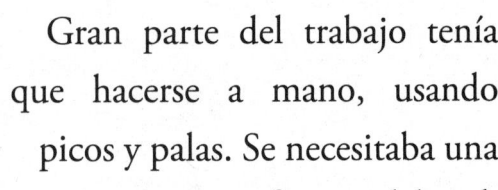

Gran parte del trabajo tenía que hacerse a mano, usando picos y palas. Se necesitaba una gran fuerza laboral, que llegó a Panamá de todo el mundo. Desafortunadamente, Panamá era uno de los lugares más insalubres del planeta. Los trabajadores que llegaban contraían fiebres tropicales y morían. Murieron tantas personas que no sabían qué hacer con todos los cuerpos. Muchos de los muertos eran pobres y no eran reclamados por sus familias, y la compañía se aprovechó de ello. Los estudiantes de medicina necesitaban cadáveres para estudiar, por lo que la Panama Railroad Company comenzó a enviar cadáveres, conservados en barriles, a las escuelas de medicina de todo el mundo.

Durante un tiempo, el trabajo parecía ser

demasiado duro. La empresa estuvo a punto de fracasar. Pero finalmente, el 27 de enero de 1855, se terminó el ferrocarril. Tardó cinco años y costó millones de dólares más de lo esperado. Nadie sabía cuántas personas habían muerto durante la construcción. Las estimaciones oscilan entre cinco mil y doce mil. Según Mark Twain, "Cada traviesa de ferrocarril [...] descansa sobre un cadáver".

El ferrocarril fue "un maravilloso triunfo de la voluntad indomable del hombre sobre la naturaleza", escribió un periodista. En 1856, transportaba unas cuarenta mil personas al año. Como los viajeros no tenían otra opción, la compañía cobraba todo lo que quería. El precio de primera clase para el viaje de cuarenta y siete millas era de veinticinco dólares por persona, más extra por el equipaje. Eso era mucho dinero en una época en la que un trabajador podía ganar solo un dólar al día.

Cruzar Panamá en ferrocarril era mucho más divertido que caminar. Uno de los primeros viajeros llamó al viaje en ferrocarril "uno de los paseos más agradables que he disfrutado, a través del rico paisaje tropical del istmo".

El éxito del ferrocarril revivió el sueño de construir un canal. Por supuesto, esto es más complicado que construir un ferrocarril. Un tren puede subir colinas empinadas. Un barco necesita una ruta plana. ¿Cómo podría alguien excavar un

canal a través de las montañas de Panamá? Un tren puede cruzar un río por un puente. Un barco no puede. El poderoso río Chagres cruzaba todas las rutas posibles a través de Panamá. Cavar un canal a través de él crearía una cascada gigante.

Las selvas, pantanos y montañas de Panamá eran tan densas y salvajes que nadie sabía realmente cómo era el terreno. Muchos esperaban que en algún lugar aún oculto se encontrara la ruta perfecta para un canal. Entre 1870 y 1875, Estados Unidos envió siete equipos diferentes para explorar posibles lugares para construir un canal. Estas expediciones la pasaron fatal. Los mosquitos y los insectos que picaban eran tantos que no podían dormir. Las tormentas repentinas causaban inundaciones tan terribles que a veces tenían que pasar la noche descansando en los árboles. Un hombre dijo que era "el peor país que he visto en mi vida".

Todas las exploraciones indicaban que la construcción de un canal a través de Panamá era imposible. Un lugar mejor podría ser Nicaragua, más al norte. La distancia a través de Nicaragua era más de tres veces más larga que en Panamá. Pero las montañas eran más bajas. El terreno era más limpio. Y había un enorme lago que podría ser utilizado como parte del canal.

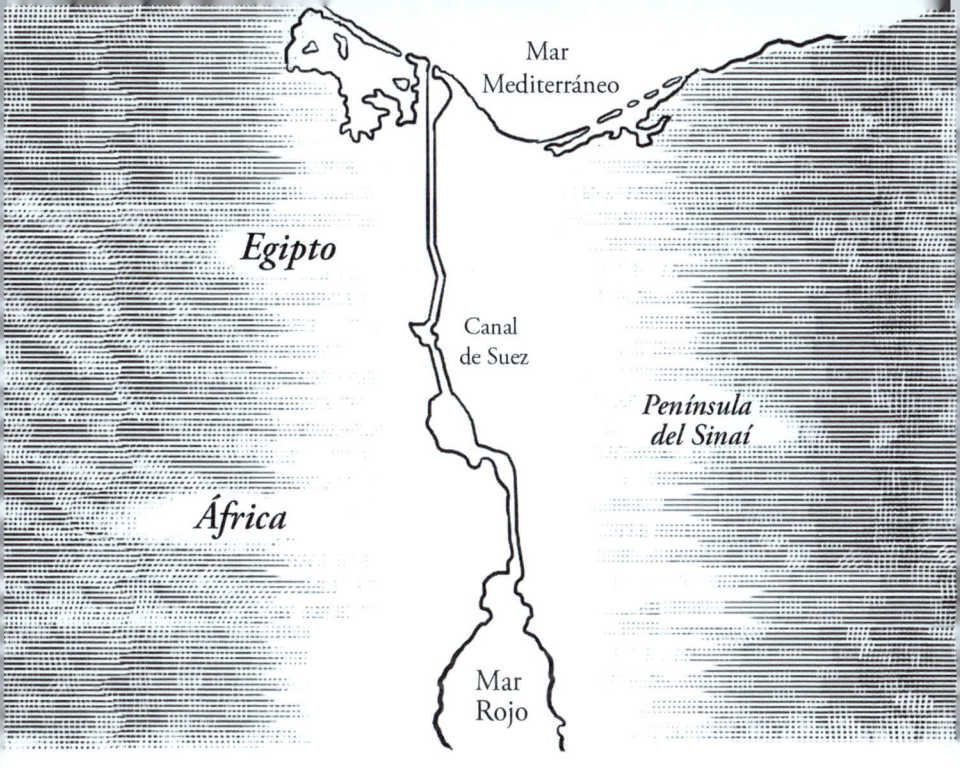

La construcción del Canal se convirtió en un tema candente después de 1869. Ese año se inauguró el canal de Suez. Este canal atravesaba Egipto y unía el mar Mediterráneo con el mar Rojo. Ahora los barcos podían navegar de Europa a Asia sin tener que rodear toda África. Muchos creían que este proyecto era imposible, sin embargo, se completó con éxito. Si fue posible un canal de Suez, ¿por qué no un canal de Panamá?

El principal impulsor del canal de Suez fue un francés llamado Ferdinand de Lesseps. Era un hombre apuesto y guapo, de gran energía y encanto. Creía que tendría éxito en cualquier proyecto. Y lo más importante era que tenía el don de hacer que otras personas creyeran en él. Una vez terminado el canal de Suez, centró su atención en la idea de un canal a través de América Central.

CAPÍTULO 3
¿Un canal?

En 1875, varios científicos, exploradores, ingenieros y políticos de todo el mundo, encabezados por De Lesseps, se reunieron en Francia para discutir si era posible construir un canal a través de América Central. Consideraron

dos tipos posibles de canal. Uno excavado íntegramente a nivel del mar. Habría que excavar tan profundo como fuera necesario para mantener el mismo nivel del agua desde el Atlántico hasta el océano Pacífico. Los barcos podrían navegar de un extremo a otro. Otro, que podría construirse mediante esclusas. Las esclusas son una especie de escalera de agua que se utiliza para subir y bajar los barcos. En lugar de tener que excavar hasta el nivel del mar, se construiría un canal más alto. Un conjunto de esclusas elevaría los barcos hasta lo alto del terreno que se cruza. Entonces en el otro extremo, otro conjunto de esclusas lo bajaría hasta el nivel del mar.

El grupo decidió que se debía construir a través de Nicaragua, utilizando esclusas. Entonces De Lesseps les dijo que estaban equivocados. El plan, dijo, era demasiado complicado. El Canal debía construirse al nivel del mar, igual que el canal de Suez. Y debería construirse a través de Panamá, no de Nicaragua. Por supuesto, hubo dificultades que superar. Pero cuando surgió un problema en Suez, siempre encontró una solución. Estaba seguro de que, si estaba a cargo de la nueva empresa, también terminaría el trabajo en Panamá. De Lesseps fue muy convincente. Después de todo, fue el constructor de canales más exitoso de la historia. Se formó un grupo privado, con De Lesseps a la cabeza, para recaudar dinero y construir el Canal.

De Lesseps obtuvo permiso del gobierno colombiano para excavar un canal a través de Panamá. Los directores de la Panama Canal Company también tuvieron que ingeniárselas para lidiar con el ferrocarril de Panamá, que corría por la misma ruta que seguiría el Canal. Decidieron que lo mejor era comprarles el ferrocarril a los estadounidenses. Los trenes podrían ser muy útiles durante la construcción del Canal.

Por supuesto, todo esto costaría mucho. La empresa comenzó a recaudar dinero. La gente

podría comprar acciones de la Panama Canal
Company, con la promesa de hacerse muy ricos
una vez que se abriera el Canal. Pero si la empresa
fracasaba, los inversores perderían su dinero.
La mayor parte del dinero procedía de Francia,
porque De Lesseps era un héroe para el pueblo
francés. Cuando les prometió que se construiría
el Canal, le creyeron.

CAPÍTULO 4
Los franceses prueban suerte

De Lesseps zarpó rumbo a Panamá triunfalmente. Les prometió a sus inversores que la primera palada de tierra para el Canal se excavaría el 1 de enero de 1880 en la costa del Pacífico. El día de la ceremonia, sin embargo, el

barco zarpó demasiado tarde. La marea ya había cambiado y no pudieron acercarse al lugar. Así que, en su lugar, De Lesseps hizo que su hija pequeña, Ferdinande, revolviera un poco de arena en una caja a bordo del barco. Esta ceremonia, tristemente, fue una señal de cómo iría el proceso de construcción.

El verdadero trabajo comenzó poco después. Como nadie había hecho nunca lo que estaban haciendo ahora, trabajaron por ensayo y error. Nadie sabía con certeza qué máquinas se necesitaban o cómo utilizarlas. Pronto el sitio se llenó de máquinas abandonadas que no habían funcionado. Las excavadoras de vapor gigantes resultaron ser las mejores para excavar. Eran una especie de vagón de ferrocarril con lo que parecía una escalera larga colgando de un lado. Cada peldaño de la escalera sostenía

una cadena de cubos que elevaban la tierra hasta los vagones de ferrocarril que la transportaban.

De Lesseps tenía una gran fe en sus ingenieros y en las nuevas tecnologías. Dijo que el canal de Panamá sería más fácil de construir que el canal de Suez. Pero el canal de Suez fue excavado en arena seca y plana. El sitio de Panamá no era nada parecido. Había tantos tipos diferentes de tierra, barro y roca que nunca se sabía de antemano en qué terreno iban a cavar.

Cada tipo de suelo tenía sus propios problemas. Lo peor era la pesada arcilla azul y verde. Se pegaba a las palas y a los cubos de las excavadoras de vapor, y tenían que parar y limpiarlas. En algunos lugares, el terreno era tan empinado que las máquinas tenían que colocarse en espacios

planos excavados en la ladera. Si el suelo era blando, las enormes máquinas caían en los huecos que estaban cavando.

La temporada de lluvias hizo que todo fuera mucho peor. En los meses de mayo a noviembre, podrían caer veinte pulgadas de lluvia o más en un mes. Si la tierra no se retiraba rápido, una tormenta podría arrastrarla de vuelta al canal del que se había extraído. Las fuertes lluvias podrían hacer

que una ladera se deslizara hacia la excavación, cubriendo las vías del tren o la maquinaria.

Para evitar deslizamientos de tierra, tuvieron que hacer el Canal más ancho. Tuvieron que cavar más y más en las laderas de las colinas empinadas. Pronto se dieron cuenta de que tendrían que cavar mucha más tierra de la que habían pensado. Esto significaba mucho más trabajo, y dinero, de lo que habían estimado.

Otro gran problema era el río Chagres. Atravesaba cualquier ruta posible que tomara el Canal y estaba muy por encima del nivel del mar. Para que el Canal pudiera ser excavado hasta el nivel del mar, habría que encontrar alguna forma de desviar el río. Nadie sabía cómo mover un río poderoso a un lugar diferente. De Lesseps no estaba preocupado. Estaba seguro de que uno de sus brillantes ingenieros descubriría cómo hacerlo.

Lo peor de todo era el problema de las enfermedades. Se necesitaban unos veinte mil hombres al año para mantener la obra en marcha. Pero en cuanto llegaban los trabajadores, contraían malaria o fiebre amarilla y morían. A veces morían hasta cuarenta personas en un día.

Todos pensaban que el mal aire de los pantanos causaba las fiebres. También se culpó a la vida poco higiénica. Muchos europeos creían de verdad que, si llevaban una vida higiénica y saludable, no se enfermarían. Para demostrarlo, Jules Dingler, uno de los principales ingenieros franceses, trajo a su esposa, hijo, nuera y futuro yerno a Panamá para vivir con él. "Les voy a demostrar que solo los borrachos y los viciosos contraen la fiebre amarilla y mueren", declaró. Se equivocó. Pronto los cuatro miembros de su familia murieron. El propio Dingler sobrevivió y pudo volver a Francia, donde murió con el corazón destrozado unos años más tarde.

Nadie sabe exactamente cuántas personas murieron de enfermedades en los nueve años que los franceses estuvieron en Panamá. La mejor estimación está entre veinte y veintidós mil.

Los franceses resistieron valientemente contra viento y marea. De Lesseps seguía convencido de que todo saldría bien. Varias veces la compañía acudió a sus accionistas para recaudar más dinero. Después de siete años, no se había excavado más que una décima parte del Canal. Y todavía no había un plan para lidiar con el río Chagres.

En mayo de 1889, la empresa quebró. Los funcionarios de la compañía fueron acusados de robar grandes sumas de dinero y de sobornar a

políticos franceses de alto nivel. Fueron llevados a los tribunales en Francia. El juicio se prolongó hasta 1893. De Lesseps tenía ya ochenta y tantos años. No tuvo que ir a los tribunales y nunca supo realmente lo que estaba pasando. Murió en 1894. Sin embargo, su hijo Charles, que había trabajado con él, cumplió condena en la cárcel. El sueño había terminado en desastre.

CAPÍTULO 5
Estados Unidos interviene

Estados Unidos seguía interesado en un canal a través de América Central, a pesar de que los trenes habían facilitado mucho el cruce de América del Norte. En 1869, finalmente se había construido un ferrocarril que conectaba la costa este con la costa

oeste. Pero siempre era más fácil transportar grandes cantidades de mercancía pesada por barco que por tren. Y los barcos todavía tenían que rodear el Cuerno. Como nación fuerte, rica y en crecimiento, con ciudades en ambas costas de América del Norte, Estados Unidos tenía más que ganar que cualquier otro país con un canal que ofreciera un atajo.

Construcción del ferrocarril transcontinental

En 1863, el gobierno de Estados Unidos comenzó a construir un ferrocarril que cruzaría todo el continente, una distancia de tres mil millas. Dos compañías trabajaron en el ferrocarril. Una de ellas comenzó en California. La otra comenzó en Iowa, donde podía conectarse con los ferrocarriles del este que ya existían. El 10 de mayo de 1869, las dos secciones se reunieron en Utah. Ahora era posible viajar de costa a costa en aproximadamente una semana. Sin embargo, el nuevo ferrocarril no significó que el canal de Panamá ya no fuera necesario. Dado que las vías pasaban por pasos de montaña y túneles, no podían transportar la gran cantidad de carga pesada que podía transportar un barco.

En 1901, Theodore Roosevelt se convirtió en presidente de Estados Unidos. Era, en cierto modo, similar a Ferdinand de Lesseps. Era seguro de sí mismo y enérgico. Cuando creía en algo, seguía adelante. Sabía cómo hacer que otras personas creyeran en él.

Roosevelt pensaba que un canal era importante. Pero creía que debía construirse en Nicaragua. Dijo que el fracaso francés demostró que Panamá era una mala elección.

Los franceses, sin embargo, estaban desesperados porque Estados Unidos comprara su compañía. Así que necesitaban convencerlo para que construyera en Panamá. Le ofrecieron la empresa por menos de la mitad de su valor. Esto fue una verdadera ganga. Los franceses ya habían avanzado once millas de canal. Las explosiones habían rebajado la altura de las montañas que atravesaban el centro del istmo. El ferrocarril estaba allí. Todos los edificios, la maquinaria, los suministros y los equipos de la empresa seguían en el lugar. Y la compañía francesa insinuó que si Estados Unidos no estaba interesado, algún otro país podría estarlo. Tal vez Alemania, que estaba tratando de convertirse en una potencia militar. Estados Unidos, por supuesto, no querría que eso sucediera.

Roosevelt cambió de opinión, y en junio de 1902 el Congreso de Estados Unidos votó a favor de construir un canal en Panamá.

CAPÍTULO 6
¡La guerra!

Hasta ese momento, solo las empresas privadas se habían interesado en construir un canal. Su principal objetivo era ganar dinero. Cualquier barco, de cualquier país, podría usar el Canal siempre y cuando estuviera dispuesto a pagar. Las ideas de Roosevelt eran un poco diferentes. Estaba interesado en la utilidad militar del Canal. Creía que debía ser construido y controlado por el gobierno de Estados Unidos. En tiempos de paz, cualquier barco podía utilizarlo. Pero si Estados Unidos estaba en guerra, quería mantener a sus enemigos fuera del Canal.

Antes de poder construir el Canal, Roosevelt tuvo que elaborar un tratado entre Estados Unidos y Colombia. Y eso no fue fácil. Roosevelt decía que Colombia tenía que darle a Estados Unidos el control del área alrededor del Canal. Estados Unidos debía poder construir bases militares allí y administrarlas como si fueran parte de Estados Unidos. Pero el gobierno colombiano no quería darle tanto poder. Parecía que los dos países nunca se pondrían de acuerdo.

De acuerdo con el derecho internacional, un país no puede iniciar una revolución en otro país. Estados Unidos no podía decirle a Colombia: "Si no nos dejan cavar en Panamá, entonces convertiremos a Panamá en un país independiente". Pero fue básicamente lo que sucedió.

Oficialmente, Estados Unidos no estaba involucrado. La revolución fue planeada por partidarios privados del canal de Panamá, liderados por el francés Philippe Bunau-Varilla. Si hubo

Philippe Bunau-Varilla

conversaciones con políticos estadounidenses, fueron en secreto. Pero la mayoría de la gente cree que el gobierno de Estados Unidos sabía lo que estaba pasando y lo aprobaba. Empezar la revolución fue fácil. Los panameños llevaban años luchando por separarse de Colombia. Bunau-Varilla convenció al patriota panameño Manuel Amador de que si lideraba una revolución, contaría con el apoyo de Estados Unidos. Amador aceptó.

Manuel Amador

La fecha de la Revolución panameña se fijó para el 3 de noviembre de 1903. Fue algo cómico. Como todos pensaban que Estados Unidos lo apoyaba, Amador no tuvo problemas para que lucharan de su lado. Solo había unos pocos soldados colombianos estacionados en Panamá. Rápidamente acordaron cambiar de bando.

Un helicóptero de combate de Estados Unidos, el USS Nashville, fue enviado a Panamá para ver qué pasaba. Solo se posó en el puerto, pero la presencia de un helicóptero de combate estadounidense fue suficiente. Colombia se rindió en pocas horas. Solo un comerciante y un burro murieron.

El 6 de noviembre de 1903, Estados Unidos reconoció a la nueva república de Panamá. (Colombia no reconoció a Panamá hasta 1921).

Entonces Roosevelt envió lanchas cañoneras para ayudar a Panamá. El mensaje a Colombia era claro: independientemente de que Estados Unidos hubiera provocado o no esta revolución, defendería al nuevo país ahora que existía.

El tratado entre Estados Unidos y el nuevo país de Panamá le dio a Estados Unidos todo lo que quería. Creó una zona de diez millas de ancho donde se construiría el Canal. Estados Unidos no sería dueño de estas tierras, pertenecían a Panamá. Pero Estados Unidos podría actuar exactamente como si la tierra le perteneciera. El gobierno de Panamá no tendría poder allí. Lo más importante es que el tratado decía que el control estadounidense de la zona del Canal nunca terminaría. Duraría "a perpetuidad", es decir, para siempre.

Personas de todo el mundo acusaron a Roosevelt de actuar como un matón. Pero a él no le importó. Creía en usar todo el poder que tenía como presidente para luchar por lo que creía que era correcto. Y no hizo amenazas que no estuviera dispuesto a respaldar. En Panamá, utilizó la Marina de Estados Unidos para seguir su proverbio favorito: "Habla en voz baja y lleva un gran garrote".

CAPÍTULO 7
La lucha contra los mosquitos

La mayoría de los estadounidenses creían que su país tendría menos problemas en Panamá que los franceses. "Debo decir que la construcción del

Canal será bastante fácil para los estadounidenses conocedores, emprendedores y enérgicos", escribió un periodista. En pocos meses, varios miles de trabajadores habían llegado a Panamá. Llegaron

a los putrefactos campos de trabajo franceses, limpiaron la maquinaria oxidada y continuaron donde los franceses lo habían dejado.

"¡Haz volar la tierra!", le dijo Roosevelt a su ingeniero jefe. Y entonces los trabajadores comenzaron a cavar. No sabían exactamente lo que estaban haciendo. Los planes finales para el Canal aún no estaban decididos. Así que continuaron a ciegas. Pensaron que podían resolver los problemas a medida que avanzaban. Parecía como si los estadounidenses estuvieran repitiendo todos los errores que habían cometido los franceses. Roosevelt pronto se dio cuenta de que esto no funcionaría. Necesitaban detenerse y dedicar tiempo a averiguar cómo hacer bien el trabajo.

Lo primero que había que hacer era controlar las enfermedades. Ningún proyecto tendría éxito si los trabajadores seguían muriendo. Ya los científicos se estaban dando cuenta de que los mosquitos podrían ser la clave. En 1897 Ronald Ross había demostrado

que la malaria era transmitida por un tipo de mosquito. En 1900, Carlos J. Finlay y Walter Reed habían llegado al mismo descubrimiento sobre la fiebre amarilla.

Paludismo y fiebre amarilla

La malaria y la fiebre amarilla son enfermedades muy diferentes, transmitidas por dos tipos diferentes de mosquitos.

Una persona con malaria sufre de fiebre alta y dolores de cabeza. Con el tiempo, la mayoría se recupera. Pero a veces la enfermedad puede reaparecer años después y matarlos. En el siglo xvii, se descubrió que la quinina de la corteza de un árbol sudamericano ayudaba a tratar la malaria. Pero nada podía prevenirla. Incluso hoy en día no existe una vacuna para evitar el contagio. Todavía mata hasta un millón de personas al año, principalmente en países tropicales.

La fiebre amarilla causa vómitos y dolores. Si daña el hígado, la persona se pone amarilla. Casi una sexta parte de las personas que se contagian, mueren. Ya hay una vacuna para evitar el contagio de la fiebre amarilla, pero todavía no se cura con facilidad.

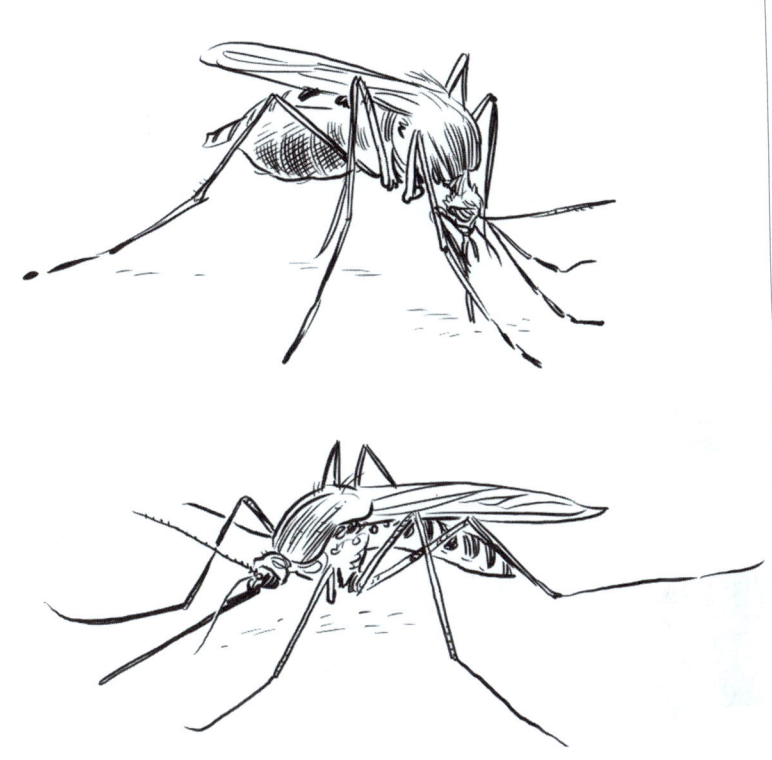

Los médicos demostraron finalmente que los mosquitos causaban estas enfermedades. Su trabajo fue posible gracias a valientes voluntarios. Estas personas se dejaban picar por los mosquitos para ver si se enfermaban. Muchos de los voluntarios contrajeron fiebre amarilla o malaria, y algunos murieron.

Los franceses no sabían que la fiebre era transmitida por mosquitos. Así que, sin quererlo, habían ayudado a la propagación de la enfermedad. La excavación del Canal había creado un paraíso para los mosquitos, pues se reproducen en charcos de agua estancada. Desafortunadamente, la excavación había creado cientos de estos charcos.

Los franceses también habían construido un hospital grande. Para proteger a los pacientes de los insectos rastreros, colocaban las patas de las camas en cuencos con agua. Esto también atrajo a los mosquitos. El hospital tenía tantos mosquitos que si un paciente no tenía malaria o fiebre amarilla cuando ingresaba, quizá la contraería allí.

Lamentablemente, la mayoría de la gente
todavía pensaba que la idea de que los mosquitos
podían enfermar a las personas era tonta. El coronel
William Gorgas se convirtió en el principal oficial
médico de Panamá. Ya había ayudado a acabar con
la fiebre amarilla en La Habana, Cuba, matando a
todos los mosquitos de allí. En Panamá, esperaba
hacer lo mismo. Pero le llevaría mucho trabajo, y
necesitaría mucho dinero, tal vez, hasta un millón
de dólares. Temía que nadie lo escuchara. ¿Qué

pasaría si les parecía que era demasiado gasto solo para eliminar algunos insectos?

A Roosevelt no le gustaba perder el tiempo ni el dinero, pero quería resultados. Le pidió consejo a un amigo médico. ¿Realmente valdría la pena el esfuerzo de matar mosquitos? "Si recurres a los viejos métodos de saneamiento, fracasarás, igual que los franceses", le dijo el médico. "Si apoyas a Gorgas... conseguirás tu canal". Roosevelt le dio a Gorgas todo lo que necesitaba.

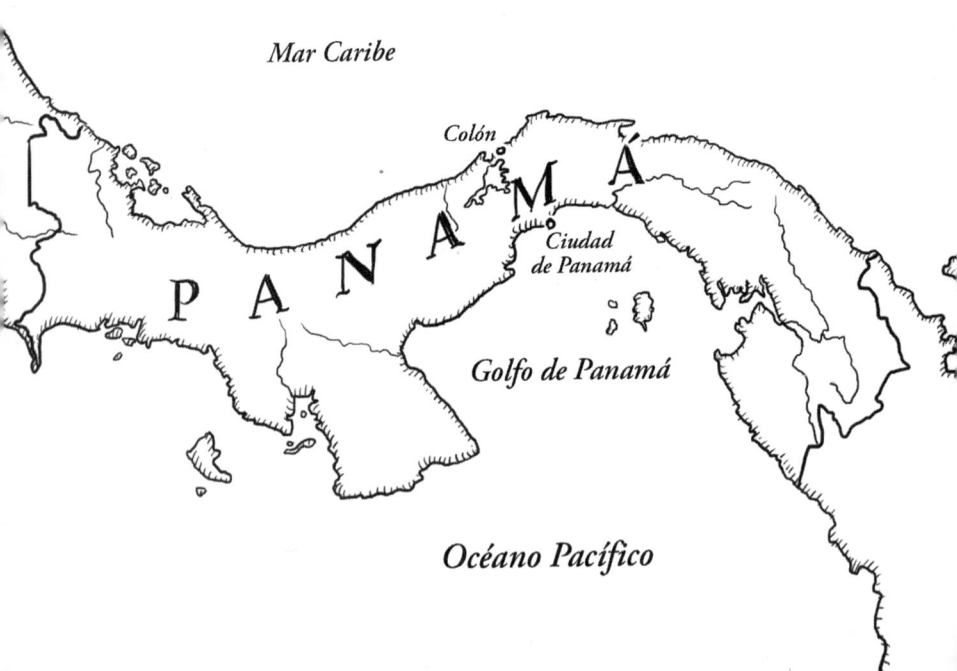

Océano Atlántico

Mar Caribe

Colón

Ciudad de Panamá

Golfo de Panamá

Océano Pacífico

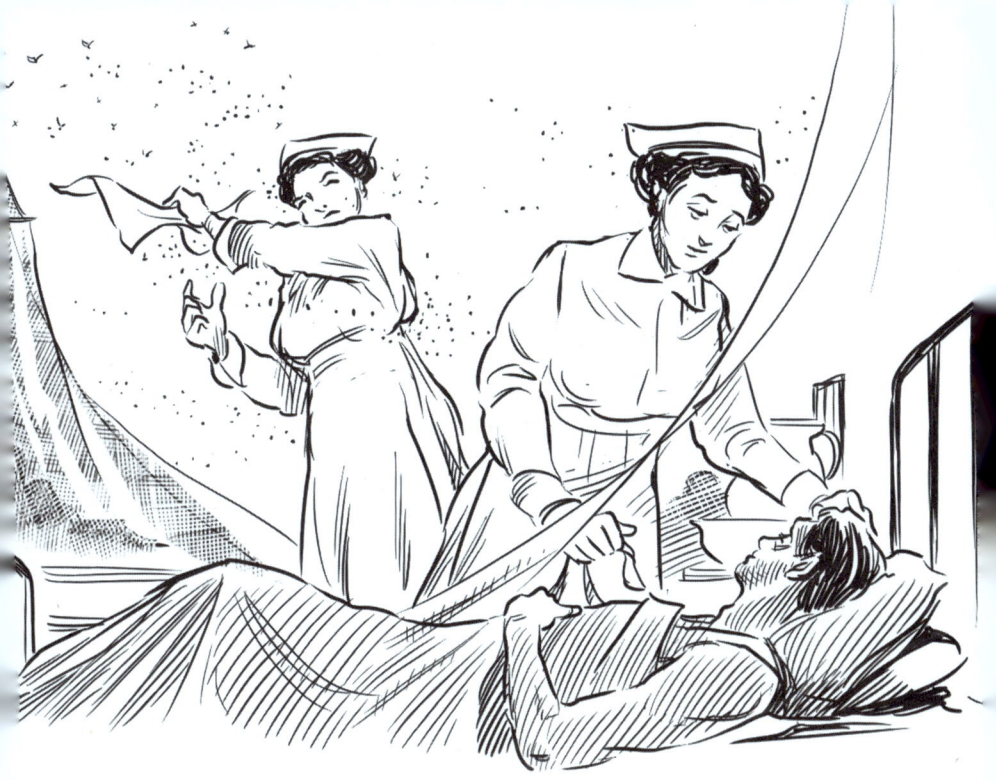

No era un problema fácil de resolver. La Habana había sido una sola ciudad. Aquí había dos ciudades, Ciudad de Panamá y Colón, separadas por kilómetros de pantanos y selva y un canal en construcción. Los mosquitos eran tantos que apagaban las velas por la noche. En el hospital, las enfermeras tenían que trabajar en parejas, una atendía al paciente y la otra ahuyentaba a los mosquitos.

El tratado de Panamá había dado a Estados Unidos el control total sobre las medidas sanitarias en la zona del Canal. Los grupos de Gorgas obligaban a la gente a prevenir que los mosquitos se reprodujeran. A nadie se le permitía mantener agua potable en jarras destapadas. En su lugar, los ingenieros instalaron agua corriente y un moderno sistema de alcantarillado en las dos ciudades. Los hombres de Gorgas entraban en las

iglesias y limpiaban las fuentes de agua bendita. Si encontraban mosquitos en las casas, reconstruían los lugares donde pudiera acumularse el agua. Usaban insecticidas en los lugares donde alguien moría de fiebre amarilla.

Fuera de las ciudades, había aún as trabajo por hacer. Kilómetros de tierra se a tuvieron que ser tratados para que no lera ningún lugar donde los mosquitos pudieran reproducirse. Equipos de hombres que trabajaban para Gorgas rellenaron los pantanos. Pavimentaron carreteras y cavaron zanjas de drenaje. Cubrían los estanques con una fina capa de aceite que impedía que los mosquitos pusieran sus huevos.

Fue un trabajo enorme. Pero funcionó. El paludismo se volvió poco frecuente. Solo unas pocas personas morían al año, en lugar de miles. El éxito de la lucha contra la fiebre amarilla fue todavía mayor. En 1906, solo dos años después de que Gorgas comenzara su programa, solo hubo un caso de fiebre amarilla. Después de eso, no hubo ni un solo caso de la enfermedad durante todo el tiempo que duró la construcción del Canal.

CAPÍTULO 8
Un hombre con un plan

El primer año de Estados Unidos en Panamá fue desalentador. Se gastaron millones, pero el Canal no avanzó. En 1905, las cosas comenzaron a cambiar. El ingeniero jefe original fue reemplazado por John Stevens.

Stevens entendía cómo dirigir un proyecto a gran escala. Había pasado su vida construyendo los grandes ferrocarriles que cruzaban el continente norteamericano. Cuando se hizo cargo del proyecto del Canal, tomó la decisión de parar la excavación. Se dio cuenta de que no podían seguir adelante hasta que se elaborara un plan y se resolvieran todas las cuestiones importantes.

Con la excavación detenida, Stevens se dedicó a resolver el problema de la vivienda y la alimentación de los trabajadores. No había un buen lugar donde vivir. Los franceses dejaron campamentos sofocantes, húmedos y llenos de insectos y ratas. La comida se la compraban a los comerciantes locales. Era muy cara y, a menudo, se estropeaba o se enmohecía. Stevens se dio cuenta de que necesitaba atraer a trabajadores inteligentes y esforzados. Pero estos solo se quedarían allí si les ofrecían un lugar agradable para vivir. Así que mandó a construir viviendas secas y cómodas

para los trabajadores, con campos de béisbol, escuelas, salones de baile y teatros, para que se entretuvieran después del trabajo. Los nuevos pueblos a lo largo de la zona del Canal se parecían a los de New Jersey. Había tiendas especiales para los trabajadores del Canal, que vendían alimentos enviados desde Estados Unidos, a precios mucho más bajos que las tiendas panameñas.

Racismo

En la zona del Canal había discriminación racial.
Los trabajadores eran separados en dos listas: "lista
de oro" o "lista de plata", según se les pagara en oro o
plata. Se suponía que esto reflejaba el tipo de trabajo
que hacían. La lista de oro era para trabajadores
calificados y la de plata para los trabajadores no
calificados. En realidad, las listas eran para imponer
la segregación. La mayoría de los trabajadores de
las listas de oro eran ciudadanos estadounidenses,
y casi todos eran blancos. Los trabajadores de la
lista de plata solían ser del Caribe o Latinoamérica
y eran negros o hispanos. Pero incluso los negros
que tenían trabajos calificados y eran ciudadanos
estadounidenses generalmente estaban en la lista de
plata.

A los trabajadores de la lista de plata no solo se les
pagaba menos. Las nuevas casas y aldeas construidas

por la Panama Canal Company eran solo para los de la lista de oro. Los de la lista de plata tenían que buscar su alojamiento o vivir en viejas barracas destartaladas. Muchos de ellos vivían hacinados en pequeñas habitaciones en los pueblos o acampaban en la selva. Como vivían en las áreas no protegidas de los mosquitos, morían mucho más que los blancos.

En 1906, Stevens finalmente se sintió listo para continuar la excavación. Por fin se había aprobado un plan definitivo para el Canal. Hasta ese momento, nunca se había establecido completamente si el Canal tendría esclusas o no. Mucha gente todavía quería que se construyera al nivel del mar. Ahora el Senado de Estados Unidos y el presidente Roosevelt tomaron una decisión. Construirían un Canal elevado, usando esclusas.

Cuando se reinició la excavación, Stevens hizo algo que nadie antes que él había hecho: ideó un sistema completo que mantendría la construcción funcionando a toda velocidad. Comprendió que

el ferrocarril podría usarse mucho mejor de lo que nadie lo había hecho hasta entonces.

A veces, los franceses dejaban la tierra excavada a la orilla del Canal durante días. No solo se interponía en el camino de los trabajadores, sino que cuando llovía, volvía al hueco del que había sido excavada. Y cuando estaban listos para llevársela, a menudo no había vagones disponibles.

Stevens comprendió que toda la operación tenía que funcionar como un reloj, con cada pieza siempre en el lugar correcto en el momento correcto. Compró las mejores palas de vapor disponibles y calculó cuánta tierra podían cavar

por hora. Entonces reconstruyó el ferrocarril para hacer funcionar un flujo constante de vagones hacia y desde las excavadoras. Tan pronto como un vagón se llenaba, se movía y otro ocupaba su lugar. La tierra se llevó a los lugares donde se necesitaría para la construcción posterior.

El plan del canal que se acordó requería la construcción de una represa a través del río Chagres. Antes, el río había sido un problema. El nuevo plan lo convirtió en una ventaja. El represado de las aguas

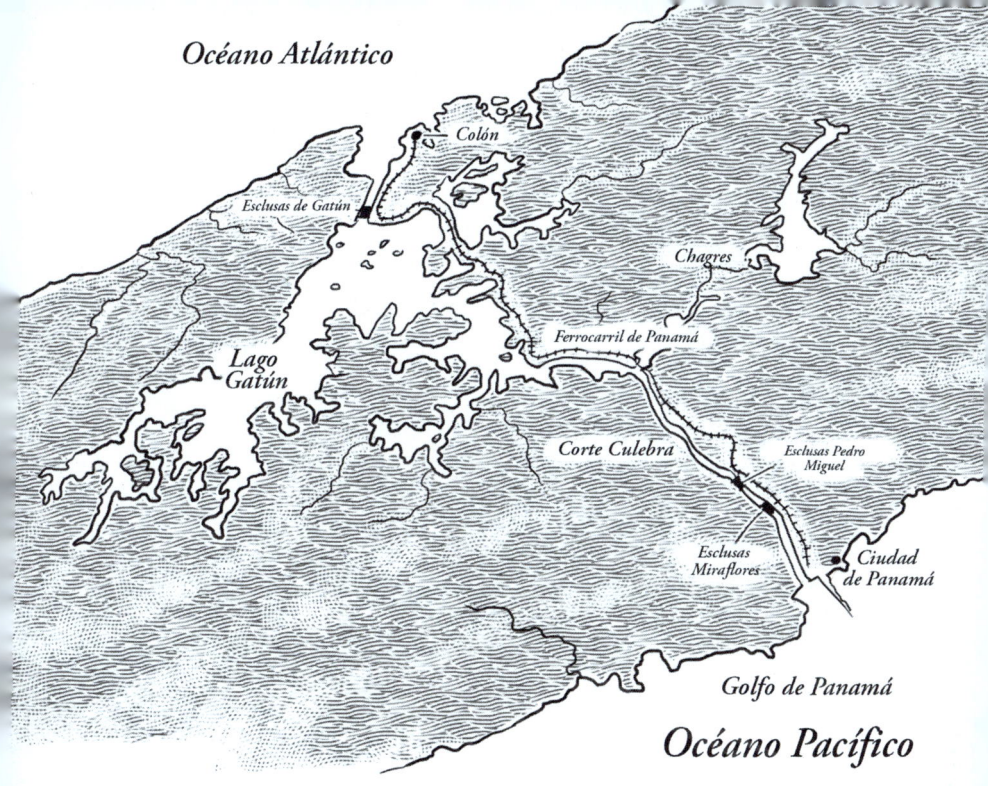

Océano Atlántico

Colón

Esclusas de Gatún

Chagres

Lago Gatún

Ferrocarril de Panamá

Corte Culebra

Esclusas Pedro Miguel

Esclusas Miraflores

Ciudad de Panamá

Golfo de Panamá

Océano Pacífico

formaría el lago artificial Gatún que se convertiría en parte del Canal. Cuando los barcos entraran al Canal desde el océano Atlántico, un conjunto de tres esclusas los elevarían a ochenta y cinco pies sobre el nivel del mar. Viajarían veintitrés millas a través del lago artificial y a través de un canal de nueve millas de largo, hoy llamado el Corte Culebra, que los trabajadores tendrían que abrir a través de la cordillera que dividía Panamá. Tres esclusas más bajarían los barcos al otro lado. Un rompeolas de tres millas de largo en el extremo del Pacífico ayudaría a lidiar con las mareas oceánicas extremas. Era un plan excelente, que ya había sido propuesto por un ingeniero francés treinta y un años atrás. Pero en ese entonces, a nadie le había interesado.

Theodore Roosevelt estaba ansioso por ver cómo iba su canal. Los demás miembros del gabinete habían viajado a Panamá durante la estación seca, cuando el clima era agradable. Pero Roosevelt fue en el apogeo de la temporada de lluvias. Y se lo pasó de maravilla. Fue fotografiado trabajando en una de las palas de vapor gigantes que Stevens había comprado. La imagen apareció en todo Estados Unidos y ayudó a que el canal de Panamá fuera popular entre la ciudadanía. Finalmente todo iba bien.

CAPÍTULO 9
Culminación del trabajo

Entonces, de repente, en enero de 1907, Stevens renunció sin explicar por qué. Es posible que estuviera agotado: había hecho un trabajo inmenso en solo unos pocos años. Roosevelt estaba furioso. Le había gustado Stevens y se sentía traicionado. Así que para el último ingeniero jefe, el hombre que llevaría el Canal hasta su culminación, eligió a un militar, el coronel George Washington Goethals. Roosevelt creía que un soldado nunca abandonaría su puesto.

Goethals se hizo cargo de un proyecto eficiente y bien administrado. No cambió nada de lo que ya estaba funcionando bien. Se concentró en mantener la moral alta y en simplificar las operaciones. Aun así, incluso con todo marchando

bien, Goethals no tenía un trabajo fácil. Los hombres estaban moviendo más tierra y roca de lo que nadie había hecho antes y creaban el lago artificial más grande de la historia, en un clima brutalmente difícil. Es más, una vez que hubieran creado el lago, este inundaría un gran tramo del antiguo ferrocarril, por lo que el mismo tendría que ser reconstruido en otro lugar.

Goethals tenía tres grandes retos de ingeniería que superar. El primero era el Corte Culebra.

Nueve millas del Canal tenían que ser talladas a
ciento cincuenta pies de profundidad en la roca
de las montañas. Se trabajaba día y noche, con
excavaciones durante el día y trabajos de dinamita y
limpieza por la noche. Alrededor de ciento sesenta
trenes cargados de tierra y roca eran retirados cada
día. Era un trabajo muy peligroso; a pesar de la
seguridad, muchos hombres volaron por los aires.

El terreno era inestable, y las explosiones lo empeoraron. Enormes deslizamientos rellenaban secciones del Corte. Las máquinas quedaban enterradas y se perdían días de trabajo. No se podía hacer nada, y Goethals mantuvo la calma. Después de un deslizamiento que rellenó una sección por completo, el ingeniero a cargo se acercó a él en estado de shock, preguntando qué hacer. Goethals le dijo: "Excava de nuevo".

Los deslizamientos de tierra nunca han cesado por completo. Incluso ahora, a veces hay algún deslizamiento y es necesario dragar un segmento del Corte Culebra.

El Corte Culebra fue la parte de la obra que más fascinó al mundo. Se convirtió en una atracción turística. Hasta veinte mil estadounidenses al año llegaban a la cima de la montaña para observar a los hombres trabajando abajo.

Después de todo, represar el río Chagres para

crear el lago Gatún no fue tan difícil. Un valle estrecho con altas colinas a ambos lados resultó ser un lugar ideal. El problema principal era que la presa tenía que ser grande. En su base, tenía media milla de ancho, más de una milla y cuarto de largo y 105 pies de alto. Esto requería mucha tierra para construirla. Pero los ingenieros removían material más que suficiente del Corte Culebra. Era relativamente sencillo enviarlo en tren hasta el lugar de la presa. Como beneficio adicional, la represa operaría una central hidroeléctrica. Esto generaría toda la electricidad necesaria para hacer funcionar las esclusas.

En octubre de 1913, el presidente Woodrow Wilson, que se encontraba en Washington D. C., apretó un botón. A miles de kilómetros de distancia, en Panamá, estalló una carga de dinamita. El recién creado lago Gatún se unió al Corte Culebra.

CAPÍTULO 10
¡Éxito!

La construcción de las esclusas fue el último desafío para terminar el Canal. Mucho se había aprendido en los veinte años transcurridos desde que los franceses intentaron diseñar esclusas para Panamá. Muchos de los ingenieros del Canal habían ayudado a construir y operar esclusas en los Grandes Lagos. Aun así, el diseño de las esclusas fue una tarea enorme porque, al igual que la represa, tenían que ser muy grandes.

En cada extremo del Canal había tres esclusas. Y como el Canal llevaría tanto tráfico en ambos sentidos, las esclusas se hicieron con cámaras dobles, para que pudiera navegar más de un barco a la vez. Eso hizo doce cámaras en total. Fueron diseñadas para ser lo suficientemente grandes como para albergar incluso a los más grandes transatlánticos. Cada cámara

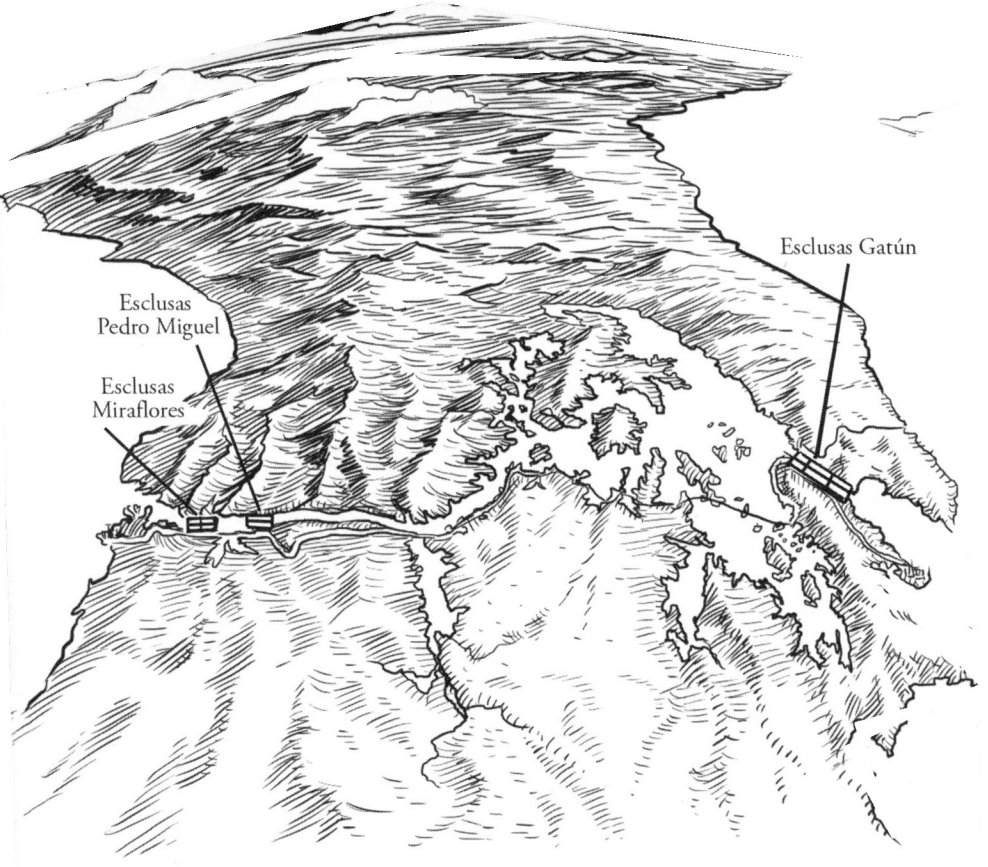

Esclusas Gatún

Esclusas
Pedro Miguel

Esclusas
Miraflores

tenía más de mil pies de largo y ciento diez de
ancho. Nunca se había hecho nada tan grande
de hormigón, y se tuvieron que inventar nuevas
formas especiales de verterlo.

Cómo funcionan las esclusas

Las esclusas elevan o bajan los barcos de una cámara de agua en un nivel a otra cámara en otro nivel. Un conjunto de esclusas consiste en una serie de cámaras a diferentes niveles. Las cámaras tienen altas compuertas de acero en cada extremo. Para elevar un barco, se abre la compuerta trasera de la cámara más baja. El barco entra y la compuerta se cierra. Luego, se vierte agua en la cámara baja por gravedad. El barco flota y sube con el nivel del agua. Cuando el barco está al nivel de la siguiente cámara, se abre la compuerta delantera. Luego, el barco entra en la cámara más alta. Lo contrario se hace para un barco que necesita ser bajado.

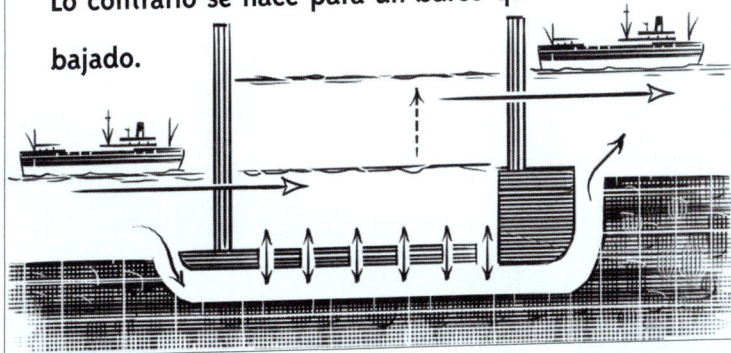

Las esclusas se operan desde una sala de control con un modelo del Canal en miniatura. Cada parte del modelo se mueve, de modo que coincida perfectamente con su posición en el canal real. Si

hubiera un error en los pasos para operar las esclusas, podrían ocurrir accidentes terribles. Si la compuerta de una cámara se abriera equivocadamente, un barco podría encontrarse de repente bajando por una cascada. Para evitar esto, todos los interruptores fueron diseñados para que se abrieran y cerraran solo en el orden correcto.

El trabajo en las tres partes del Canal duró siete años, bajo tres presidentes estadounidenses: Theodore Roosevelt, William Taft y Woodrow Wilson. Por fin, el 10 de octubre de 1913, se completó una vía fluvial ininterrumpida de océano a océano.

El 7 de enero de 1914, antes de que se abriera el Canal, un barco de la construcción, el Alexandre La Valley, fue el primero en navegar de un extremo al otro. El primer barco oficial

Theodore Roosevelt

William Taft

Woodrow Wilson

que pasó por el Canal fue el SS Ancón, el 15 de agosto. Diez años y cuatrocientos millones de dólares, le costó a Estados Unidos terminarlo.

Se habían planeado grandes celebraciones, con flotas de barcos que bajaban a Panamá desde ambos lados del continente. Pero el destino intervino. A principios de agosto, Alemania declaró la guerra a Rusia, Francia y Bélgica, y comenzó la Primera

Guerra Mundial. Se cancelaron las celebraciones.
Pero ni siquiera una guerra pudo opacar la hazaña
lograda. Cuatrocientos un años después de que
Balboa cruzara por primera vez el istmo de Panamá,
un sueño se hizo realidad. Un barco podría navegar
directamente a través del continente desde el
Atlántico hasta el Pacífico.

CAPÍTULO 11
El Canal actualmente

A causa de la guerra, el nuevo canal comenzó su vida de manera tranquila. Después, sin embargo, se convirtió rápidamente en una parte importante de la vida económica mundial. Pronto, casi catorce mil barcos al año utilizaban el Canal. En poco tiempo, el Canal estaba obteniendo ganancias, aunque Estados Unidos había gastado tanto dinero que tardó hasta los años cincuenta en recuperarlo todo.

El Canal gana dinero cobrando un peaje a cada barco. Los peajes varían bastante, pues se basan en el peso y el tipo de barco, y en la carga que transporta. Hasta ahora, el récord del peaje más alto fue de $829 468, pagado por un buque portacontenedores en 2016. Por otro lado, cuando

al atleta Richard Halliburton se le permitió atravesar el Canal a nado, también se le cobró por peso. Solo tuvo que pagar treinta y seis centavos.

Los diseñadores del canal de Panamá trataron de diseñarlo para siempre. Hicieron las esclusas tan grandes como pensaron que alguna vez serían necesarias. Pero no se imaginaron lo rápido que crecerían los barcos. En 1936, se construyó un barco tan grande que no cabía en las esclusas. Desde entonces, todo el que enviara carga tenía que decidir: ¿quería el barco más grande posible o quería que pasara por el canal de Panamá? Las compañías que enviaban mucha carga fabricaban sus barcos exactamente del tamaño que pudiera pasar por el Canal. Este tamaño se conoce como "Panamax".

El número de barcos que querían usar el Canal también creció rápidamente. Pero solo podían pasar unos treinta y cinco barcos al día. Se producían enormes atascos de tráfico en cada extremo mientras esperaban su turno. Entonces, en 2007, Panamá decidió ampliar el Canal. Planearon construir un tercer juego de esclusas para ensanchar el Canal y que los barcos más grandes pudieran pasar. Esperaban terminar a tiempo para el centenario del Canal. Dada la historia del canal de Panamá, no debería sorprender que hubiera retrasos inesperados. Las nuevas esclusas del canal de Panamá se abrieron al público en 2016.

Incluso antes de que se terminara, el canal de Panamá fue reconocido como uno de los mayores logros humanos de la historia. En nuestro tiempo, la Amerian Society of Civil Engineers (la sociedad estadounidense de ingenieros civiles) lo ha nombrado una de las siete maravillas del mundo moderno. Y ha inspirado uno de los palíndromos más conocidos. (Un palíndromo es una oración que se lee igual de atrás hacia adelante que de adelante hacia atrás). Esta ingeniosa frase resume perfectamente el gran logro: "A man, a plan, a canal: Panama!"

La zona del Canal es devuelta a Panamá

Muchos panameños sintieron que los estadounidenses habían entrado por la fuerza en el país. Odiaban tener una zona de canales controlada por Estados Unidos y bases militares estadounidenses en medio de su país. Con los años, la relación de Estados Unidos con Panamá se puso cada vez más

tensa. Finalmente, en 1977, el presidente Jimmy Carter acordó romper el tratado que había puesto la zona del canal de Panamá bajo control estadounidense para siempre. Se elaboró un nuevo tratado. Estados Unidos tendría el derecho de defender el Canal si Panamá no lo hiciera correctamente. A cambio, el control de la zona del Canal y la operación de este serían devueltos al pueblo de Panamá progresivamente. Desde el mediodía del 31 de diciembre de 1999, el Canal ha sido operado totalmente por Panamá.

Cronología del canal de Panamá

1513	25 de septiembre, Balboa se convierte en el primer europeo en ver el Océano Pacífico desde las Américas
1846	Estados Unidos firma un tratado que le otorga el derecho de construir una ruta a través del istmo panameño
1850	Se forma la Panama Railroad Company
1855	Se termina el ferrocarril de Panamá
1875	Una convención internacional se reúne en Francia para discutir la construcción de un canal en Panamá
1879	Se forma la compañía francesa Panama Canal
1880	Se excava la primera palada de tierra para el Canal
1889	La empresa francesa de Panama Canal quiebra
1903	3 de noviembre, tiene lugar la Revolución panameña
	EE. UU. reconoce a la República de Panamá
1904	En mayo, el gobierno de EE. UU. acuerda comprar la compañía francesa en bancarrota
	En junio, se reanuda la construcción del Canal después de quince años.
1905	Última muerte por fiebre amarilla en Panamá
1913	10 de octubre, los océanos se abren paso a través de la última barrera entre el Atlántico y el Pacífico
1914	7 de enero, navega el primer barco por el Canal
	15 de agosto, se inaugura oficialmente el Canal
1936	Se construye un barco que no puede pasar por el Canal
1999	EE. UU. devuelve el Canal al control panameño

Cronología del mundo

Ponce de León llega a Florida y se convierte en el primer europeo en conocer parte del futuro Estados Unidos	1513
Muere Leonardo da Vinci	1519
Panamá declara su independencia de España	1821
Se descubre oro en California	1848
Los mineros del oro llegan a California	1849
Comienza la guerra civil estadounidense	1861
10 de mayo, se termina el primer ferrocarril transcontinental a través de América del Norte	1869
17 de noviembre, se inaugura el canal de Suez	
Julio Verne publica *Veinte mil leguas de viaje submarino*	1870
Invención de la bombilla	1879
Thomas Stevens recorre América del Norte en bicicleta	1884
Invención del automóvil	1886
Estados Unidos gana Filipinas y Puerto Rico en la guerra hispano-americana	1898
El presidente McKinley es asesinado, y Theodore Roosevelt se convierte en presidente de EE. UU.	1901
17 de diciembre, los hermanos Wright hacen el primer vuelo en un avión más pesado que el aire	1903
El terremoto de San Francisco destruye la ciudad	1906
Comienza la Primera Guerra Mundial	1914
Colombia reconoce la independencia de Panamá	1921
El euro se usa como moneda en once países europeos	1999

Bibliografía

*Libros para jóvenes lectores

"American Experience: Panama Canal." PBS. http://www.pbs.org/
wgbh/americanexperience/films/panama/.

Canal de Panamá. Panama Canal Authority. http://www.pancanal
.com/eng/.

*DuTemple, Lesley A. *The Panama Canal.* Minneapolis: Lerner,
2003.

Greene, Julie. *The Canal Builders: Making America's Empire at
the Panama Canal.* New York: The Penguin Press, 2009.

Keller, Ulrich. *The Building of the Panama Canal in Historic
Photographs.* New York: Dover Publications, 1983.

McCullough, David. *The Path Between the Seas: The Creation of
the Panama Canal, 1870–1914.* New York: Simon & Schuster,
1977.

Parker, Matthew. *Panama Fever: The Epic Story of One of the
Greatest Human Achievements of All Time—the Building of
the Panama Canal.* New York: Doubleday, 2008.